MÉTHODES DE TRAVAIL DE LA CLARINETTE

POUR PROGRESSER PLUS VITE EN MOINS DE TEMPS

CECI N'EST PAS UNE MÉTHODE DE CLARINETTE, CE SONT DES MÉTHODES DE TRAVAIL DE LA CLARINETTE

Les recettes miracles qui vantent vous faire jouer de la clarinette en quelques semaines et sans effort vous permettront de jouer un ou deux standards de variétés ou de classique. Vous arriverez à vous faire plaisir à court terme en mimant le musicien expérimenté, mais votre apprentissage sera creux et vous ne progresserez pas : vous abandonnerez très vite, car vous ne connaîtrez jamais la satisfaction extraordinaire de la vraie progression, celle qui a nécessité du travail… Cette joie qu'on voit dans le sourire et les yeux d'un enfant de douze ans qui après une heure de travail à la limite des larmes, arrive enfin à vaincre l'indomptable et joue sans erreur un morceau qui lui semblait inaccessible la veille.

Malheureusement, vous avez peu de temps pour jouer et vous progressez lentement. De plus, quand vous apprenez un nouveau morceau, il y a toujours un passage ou deux que vous n'arrivez jamais à jouer correctement, et comme vous insistez pour réussir le morceau, vous y passez beaucoup de temps pour peu de résultats. Et cela vous frustre.

Vous êtes arrivés à un palier que vous n'arrivez pas à franchir. Pourtant, qu'il serait dommage de ne pas atteindre un bon niveau instrumental quand on sait le plaisir qu'on peut en tirer !

Vous avez acheté des méthodes d'apprentissage de la clarinette et vous vous demandez si elles sont pertinentes.

Le problème ne vient pas des livres que vous avez achetés pour apprendre à jouer : ils sont tous bons. Le problème est

que vous n'avez pas les bonnes méthodes de travail, car elles sont connues essentiellement par les musiciens de musique classique qui ont suivi le conservatoire de musique, conservatoire dont les exigences sont très élevées.
Or, ces méthodes sont rarement partagées avec des musiciens qui ne côtoient pas les conservatoires de musique.

Ce livre a pour objectif de vous montrer comment travailler vos morceaux, avec quelles techniques, pour être efficace et progresser au plus vite. Ces techniques donnent des résultats souvent impressionnants, mais elles nécessitent aussi du travail.

SOMMAIRE

CONSEILS ET MOTIVATION POUR JOUER DE LA CLARINETTE

DISSOCIEZ TRAVAILLER ET JOUER DE LA CLARINETTE

Afin de progresser plus vite, vous allez devoir faire la différence entre jouer et travailler. En effet, ce sont deux choses différentes qui se complètent.
Quand on joue, on se fait plaisir, on s'écoute, on écoute les autres si on joue à plusieurs. Cela peut même correspondre à des moments de grand bonheur. On oublie le quotidien et on se crée une bulle personnelle de bonheur.

Toutefois, pour arriver à cela, il faut atteindre un certain niveau technique. Et pour atteindre ce niveau technique, il faut travailler la musique. Cela nécessite d'entraîner son cerveau à contrôler ses doigts, et de permettre à ses doigts d'acquérir certains automatismes et une dextérité qui vous permettront de jouer.
Travailler ne consiste donc pas à jouer des morceaux, mais à préparer et faire progresser son cerveau et ses doigts à jouer des morceaux de plus en plus difficiles et de plus en plus satisfaisants à jouer.
Cela implique de travailler les chromatismes, les arpèges, la sonorité, les gammes. Cela consiste aussi à faire travailler son oreille pour qu'elle apprenne à écouter les autres pendant que vous jouez. Travailler nécessite de découper les morceaux en tronçons que vous devrez travailler séparément les uns des autres pour les maîtriser techniquement.

Beaucoup de musiciens débutants n'aiment pas travailler et veulent brûler les étapes : ils ne veulent que jouer.

Travailler est toutefois indispensable, car il n'y a pas de progression sans travail. Chose moins connue, le travail peut parfois procurer une satisfaction aussi intense que de jouer : en particulier quand vous arrivez à maîtriser des difficultés que vous ne pensiez pas pouvoir maîtriser.

Il est conseillé de toujours commencer une séance par travailler la musique avant d'en jouer. Jouer de la musique sera la récompense quotidienne de votre travail. Et en agissant de la sorte, votre niveau va rapidement augmenter, ce qui vous procurera encore plus de plaisir. Et cela se transforme petit à petit en cercle vertueux :

vous travaillez

votre niveau technique augmente

vous pouvez jouer des morceaux de plus en plus difficiles et de plus en plus satisfaisants à jouer

cela vous motive à travailler encore plus la technique.

LOI DU MOINDRE EFFORT

Nous sommes par nature tous feignants même si nous sommes motivés. Aussi étonnant que cela puisse paraître, un tout petit détail peut permettre de travailler plus.

Laissez votre clarinette en état de jouer, montée et sur un stand, un peu comme si vous étiez parti cinq minutes et que vous allez revenir jouer.

Par ailleurs, laissez votre clarinette à un endroit qui gêne presque le passage, le but est que vous passiez le plus possible devant elle alors qu'elle est prête à l'emploi, et qu'il ne vous reste plus qu'à tendre la main pour jouer.

Pour faciliter encore le travail, je vous conseille de garder vos partitions ouvertes à la bonne page sur le pupitre.
Investissez donc dans un pupitre solide plein, dans le style du pupitre Manhasset avec gouttière.

En effet, il est très stable et a un détail très intéressant : une gouttière en bas. Ainsi, les partitions sont posées sur le pupitre et vous pouvez poser votre métronome, un crayon et une gomme juste en dessous.
Certes, cela paraît dérisoire, mais un pupitre qui reste en place avec les partitions à la bonne page facilitera le travail au quotidien.
Ainsi, ne rien avoir à déballer ou installer pour commencer demandera moins d'effort pour commencer à jouer. Et cela se comprend : qui veut mettre trois minutes pour s'installer, trouver la bonne page, sortir sa clarinette de son étui, tout cela pour jouer seulement dix minutes…
Cette petite astuce a une influence considérable sur les enfants et les adultes de niveau débutant à intermédiaire.

LE CHOIX DES PARTITIONS

Ne vous lancez pas dans l'infaisable : la progression musicale doit justement se faire progressivement.
Si vous pensez que la partition est trop difficile, mettez là de côté pour la retravailler plus tard. Revenez à des choses plus simples que vous serez capable de jouer correctement du début à la fin (même si cela vous demande du travail).
Le plus simple est de se fier aux méthodes d'apprentissage classiques qui sont généralement très bien conçues pour classer les morceaux dans l'ordre croissant de difficulté.

COMBIEN DE FOIS JOUER DE LA CLARINETTE PAR SEMAINE ET POUR QUELLE DURÉE ?

Pour progresser, il faut travailler. Dans l'absolu, plus vous travaillerez, plus vous progresserez.

En effet, il existe un concept appelé « courbe d'expérience » qui explique qu'on s'améliore d'un pourcentage constant à chaque fois qu'on double la quantité de travail cumulé. Cela veut dire que vous vous améliorerez d'un même pourcentage quand on passe d'une à deux heures de travail cumulé, puis 2 à 4, 4 à 8, à 16, 32, 64, 128, 256, 512, 2014 heures, etc.

Toutefois, la musique est rarement prioritaire dans un quotidien souvent surchargé et, heureusement, la progression musicale n'est pas aussi mathématique que ce qui est décrit ci-dessus : travailler, mais efficacement. La façon dont vous répartissez le travail dans la semaine va donner des résultats très différents.

En effet, il est tentant de se laisser aller pendant la semaine et d'essayer de rattraper le retard durant le week-end. C'est pourquoi, certains ne touchent à leur clarinette qu'une fois ou deux pendant la semaine, mais jouent 1 h 30 le dimanche matin par exemple.

En réalité, pour progresser, il est plus important de jouer tous les jours un peu, plutôt qu'en une fois dans la semaine. Il vaut même mieux travailler 7 fois 10 minutes qu'une heure et demi.

Voyons pourquoi.
Maîtriser la technique instrumentale nécessite que votre cerveau emmagasine des réflexes : des combinaisons de doigts, des séquences de mouvements des mains, une position du corps.
Le problème est que le cerveau est avant tout conçu pour oublier et pour se débarrasser de réflexes inutiles. À l'inverse, créer des réflexes durables nécessite la création de réseaux neuronaux, c'est à dire de la création de matière dans le cerveau. C'est très énergivore et notre cerveau n'aime pas trop cela. C'est pourquoi, quel que soit l'apprentissage, le cerveau met l'information dans sa mémoire à court terme et attend de savoir s'il est bien utile de retenir l'information. Jouer seulement tous les deux ou trois jours, ou pire une fois par semaine, indique à votre cerveau que cela ne vaut pas la peine de retenir l'information. En effet, pourquoi dépenser autant d'énergie pour emmagasiner une connaissance et des réflexes qui ne seront utilisés que quatre fois par mois ? Aucun intérêt. Il en résulte que les efforts d'apprentissage que vous faites une fois par semaine, même intenses, sont en grande partie perdus.
À l'inverse, si vous jouez au moins un peu tous les jours, votre cerveau n'a pas d'autre choix que de considérer votre apprentissage comme prioritaire puisque vous devez utiliser vos nouvelles compétences tout le temps.

Si travailler est l'indispensable, c'est un travail de fond. Il faudra également de la persévérance. Vous rencontrerez des périodes où vous souffrirez : vous ne progresserez pas, vous serez démotivé, vous ne verrez plus l'intérêt de jouer. Ces paliers de progressions sont normaux et vous devez persister, car ces paliers font partie de l'apprentissage : ils permettent de digérer inconsciemment les connaissances déjà acquises.

En conclusion, jouez tous les jours et soyez persévérant. Et si vous n'avez pas le temps, prenez votre clarinette en main et jouez ne serait-ce que 10 à 15 minutes : ce n'est pas du temps perdu, c'est juste que vous ancrez des réflexes dans votre cerveau.

ÉCHAUFFEZ-VOUS ET TRAVAILLEZ LA SONORITÉ DE LA CLARINETTE

Une bonne habitude est de commencer par vous échauffer avec des exercices techniques.
Prenez cinq minutes pour jouer

- des gammes chromatiques,
- des gammes classiques
- et des arpèges

Il est recommandé de faire au moins un exercice pour travailler la sonorité de votre clarinette. En général, il s'agit de tous ces exercices que vous devez jouer très lentement en vous écoutant. Les exercices de ce type sont là pour améliorer votre son. Jouer aussi lentement que nécessaire pour bien vous entendre et corriger votre son.

Travail de notes tenues

Un bon exercice est de monter une gamme très lentement en liant les notes par deux, et en répétant la dernière note.
Cela donne des exercices dans le style suivant :

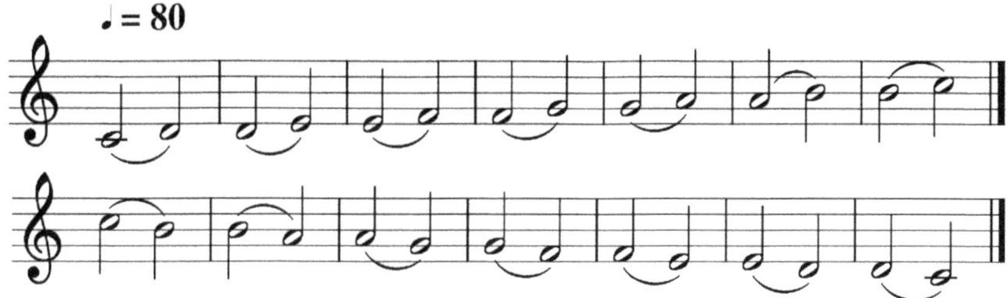

Écoutez-vous et prenez conscience des sensations qu'a votre corps quand vous produisez un son de qualité. Vous rechercherez alors cette même sensation dans des partitions plus complexes, et le son devrait suivre avec la même qualité que dans le travail lent.
Faites particulièrement attention à la continuité du son entre les liaisons et au moment des changements de notes.
Bien entendu, l'exercice précédent est un exemple et vous aurez à travailler des arpèges ou dans le registre aigu de la même façon : c'est le principe que vous devez retenir.

L'écoute via micro

Une bonne astuce est de jouer face à un microphone de qualité, avec un casque audio dans lequel vous écoutez votre propre son sans pouvoir l'entendre directement. Vous entendez le son que vos auditeurs pourraient entendre, et vous pouvez alors beaucoup plus facilement le corriger.

Attention, ne faites pas ce travail trop souvent : le but est de prendre conscience de vos défauts, mais vous risquez de vous focaliser beaucoup trop sur ce qui ne va pas, plutôt que de vous focaliser sur ce que vous pouvez améliorer. C'est pourquoi il est suffisant de faire cela une fois par mois.

VARIEZ DE STYLE MUSICAL

Il est probable que vous ayez une appétence pour tel ou tel style musical : le classique, le baroque, le rock ou même le métal.

Chaque style rencontre des difficultés particulières qui lui sont propres et qu'on retrouve peu ou pas dans les autres styles musicaux.

Pour progresser plus vite, vous devez en permanence vous confronter à de nouvelles difficultés, et une façon de le faire est d'insérer dans votre répertoire préféré, un morceau d'un répertoire très différent.

Chacune de ces nouvelles difficultés vous apportera une progression pour votre répertoire préféré.

Si vous adorez le Hard rock, la dextérité et la virtuosité du classique (gammes et arpèges inclus) vous apporteront une progression dans la virtuosité qui vous aidera dans le Hard.

Inversement, travailler certains solos de Hard Rock quand on est dans le classique peut être amusant et apportera aussi son lot de difficultés techniques liées à la dextérité nécessaire.

Enfin, jouer des répertoires inconnus vous fera peut-être découvrir des morceaux que vous adorez et que vous n'auriez jamais imaginé jouer sinon.

FAUT-IL MAÎTRISER LE SOLFÈGE POUR APPRENDRE À JOUER DE LA CLARINETTE ?

De nombreuses personnes affirment que non.

Mais de la même façon qu'il est possible de fonctionner au quotidien même quand on ne sait pas lire un texte, cela devient difficile dès qu'on est confronté à la nouveauté.

Apprendre à lire la musique peut être laborieux, mais cela vous ouvre des portes et des paysages musicaux qui vous sont inaccessibles sans cela.

Ce serait donc vraiment dommage de partir avec un tel handicap. Il existe de nombreuses méthodes de lecture de note, par exemple, le Dandelot :

Ne soyez pas impressionné, il est beaucoup plus facile d'apprendre à lire la musique que d'apprendre à lire tout court !

TECHNIQUES DE TRAVAIL DES MORCEAUX À LA CLARINETTE

ÉCOUTEZ ET IMITEZ LES GRANDS CLARINETTISTES

Recherchez et écoutez des enregistrements des morceaux que vous voulez jouer et essayez de les imiter (même si vous êtes plus lent). Cela vous aidera à progresser beaucoup plus vite, car vous saurez instantanément comment devrait sonner le morceau, dans quel style il faut le jouer et surtout, vous enregistrerez l'état d'esprit dans lequel il faut jouer : calme ? Surexcité ?

Allons même plus loin : essayez carrément d'imiter les grands solistes : leurs phrasés, leur son. Entrer dans ce jeu d'acteur peut vous paraître ridicule mais cela vous vous inspirera et diminuera vos chances de faire des erreurs d'interprétation de base. N'hésitez pas à être caricatural dans ce travail. Cela vous obligera d'ailleurs à analyser et mieux comprendre le morceau que vous jouez, que vous le vouliez ou non.

En conclusion, ne cherchez pas la perfection, mais faites l'imitation la plus proche possible des instrumentistes professionnels : cela vous fera progresser musicalement.

DÉCALEZ LE DÉBUT DU MORCEAU À CHAQUE SÉANCE

Quand vous avez un morceau long à jouer, on a tendance à revenir naturellement au début du morceau à chaque nouvelle séance de travail. Il en résulte que les fins de morceaux sont souvent les moins bien travaillées.

Il y a deux possibilités pour résoudre le problème :

1. Si votre morceau fait cinq pages, découpez-le en 10 demi-pages et travaillez à fond seulement une demi-page par séance. À chaque séance, ne jouez pas du tout ce qui a déjà été travaillé, mais commencez directement à la demi-page planifiée pour votre séance. Ensuite, au cours d'une séance, vous découperez la demi-page en tronçons d'une ou deux mesures (travail de précision, dans un autre chapitre).
2. Autre possibilité, qui vous permettra plus facilement de vous focaliser sur demi page du jour : plutôt que de travailler les demi-pages de la première demi-page vers la dernière, travaillez à l'envers : travaillez d'abord la dernière demi-page, puis remontez d'une demi-page à chaque séance.

Enfin, si le morceau présente des difficultés très variées, découpez le morceau en tronçons difficiles et moins difficiles, et commencez toujours par travailler les passages difficiles. Gardez les passages plus faciles pour les jours où vous n'êtes pas très motivés, quand vous n'avez que très peu de temps.

Je vous ai proposé de découper le morceau en demi-pages, mais si la notion de phrases musicales vous est familière, préférez découper votre morceau en respectant les phrases musicales. La demi-page n'est donc qu'une indication approximative : le but est de découper le morceau en tronçons que vous arriverez à travailler correctement en une demi-heure maximum.

Parfois, la difficulté d'un morceau est telle, qu'il n'est possible de travailler qu'une ligne ou deux en une demi-heure. Dans ce cas, ne soyez pas frustrés : au contraire, si vous surmontez les difficultés, cela indiquera que vous progressez vite.

Dernier point important, quand vous travaillez des phrases musicales (ou des parties) séparément, il ne sera pas évident d'enchaîner les parties entre elles. En effet, il va falloir travailler les transitions entre les différentes parties du morceau. Par exemple, enchaîner les 3-4 mesures de fin d'une demi-page de travail, avec les 3-4 mesures de la demi-page suivante.

Il est ainsi possible que vous ne jouiez pas le morceau du début à la fin pendant plusieurs jours, voire plusieurs semaines. Mais une fois les différentes parties bien travaillées, et les transitions entre parties bien en place, vous serez capable d'enchaîner le morceau du début à la fin facilement.

Enfin, dernier conseil concernant le choix des morceaux : si vous êtes de débutant à niveau moyen, ne choisissez pas des morceaux trop longs car il est difficile de se motiver et vous risquez de ne pas arriver à le maîtriser dans leur totalité.

LES ALTÉRATIONS ACCIDENTELLES RATÉES

Pour chaque morceau que vous jouez, vous avez certes une armure à la clé (et ça vaudra la peine de jeter un œil avant de jouer pour se remettre le nombre de # ou b en tête), mais vous avez aussi des altérations accidentelles, c'est-à-dire des dièses, bémols ou bécarres non prévus.
Jusque-là, a priori, rien de bien embêtant. Le petit problème est qu'une altération accidentelle est considérée comme valide durant toute la mesure sans avoir besoin de l'indiquer de nouveau.

La partition est écrite comme en A, mais doit se jouer comme en B.

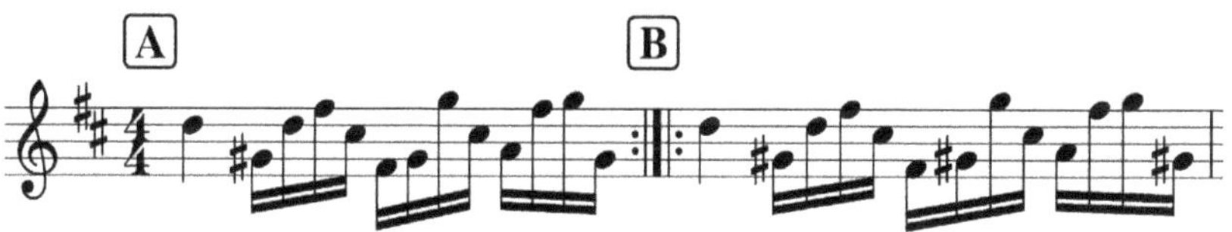

A priori, rien de particulier. Toutefois, à tous les niveaux, même à des niveaux très avancés, il est très facile d'oublier une altération accidentelle pour de nombreuses raisons :

- Manque d'attention.
- Phrase peu tonale qui pourrait fonctionner avec ou sans l'altération accidentelle si on se fie seulement à son oreille.
- Une erreur dans le déchiffrage qui « colle » et dont on n'arrive pas à se débarrasser.

Il existe une façon simple, de résoudre ce problème : pour chaque altération accidentelle que vous ratez deux fois au même endroit, vous marquez l'altération accidentelle au crayon, et cela à autant d'endroits que nécessaire pour ne plus faire la faute. Ainsi, votre partition ressemblera à la version B ci-dessus. C'est une façon peu glorieuse, mais efficace de résoudre ce problème définitivement.

GRIBOUILLAGE

De façon générale, n'hésitez pas à écrire, entourer, raturer et écrire sur votre partition. Tout ce qui peut vous aider peut être noté. Ce n'est pas de la triche !

COMMENT ABORDER UNE DIFFICULTÉ DANS UN MORCEAU

Quel que soit le niveau d'un musicien, chacun est confronté, à son niveau, à des difficultés qui nécessitent de travailler spécifiquement le passage musical : c'est un problème qui se pose à chaque musicien.

Première chose, il faut définir le type de difficulté.

Certaines difficultés sont liées à la vitesse d'exécution, cela veut dire que vos doigts ont du mal à exécuter les ordres de votre cerveau à la bonne vitesse. Dans ce cas, il existe des exercices qui permettent de progresser très vite et surpasser ces difficultés (voir chapitre correspondant). Ici par exemple, les notes ne sont pas compliquées à lire, mais la vitesse nécessite de travailler avec les techniques appropriées.

Exemple de morceau difficile

Certaines difficultés sont liées au fait qu'on ne comprend pas la musique qui est écrite ou que, tout simplement, la lecture est très difficile : le rythme est complexe, les accords nombreux et les altérations accidentelles omniprésentes. Il peut aussi y avoir des indications spécifiques à l'œuvre.

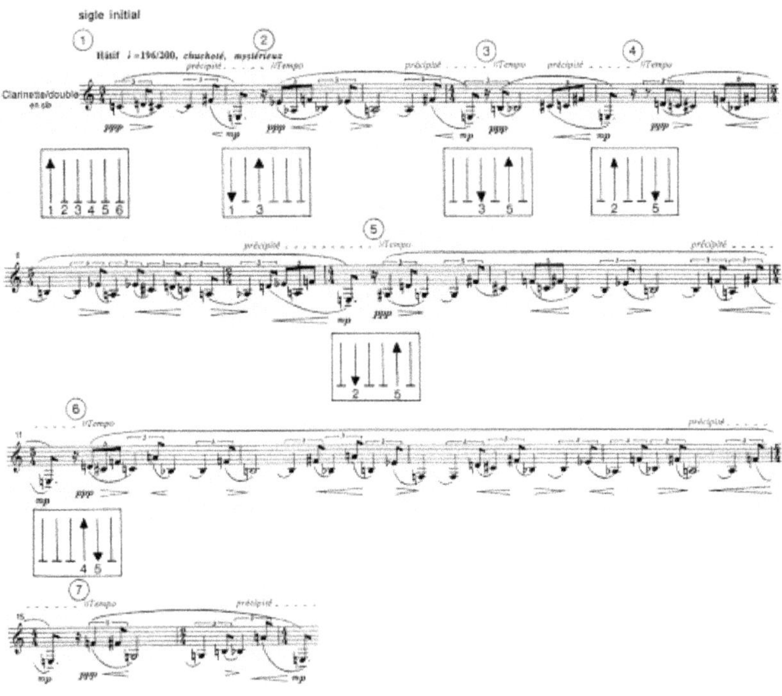

ÉVITER LA DÉGRADATION D'UN MORCEAU DANS LE TEMPS

Vous avez travaillé un morceau, un deuxième, un troisième... et après quelques mois ou années, vous réalisez que votre répertoire réel se limite aux deux ou trois derniers morceaux appris (ou juste le dernier pour certains ?).

C'est un phénomène très commun.

Cela peut être une grande frustration et pourrait même mener à un découragement qui pousse à abandonner la clarinette.
Si vous pouviez avoir une progression musicale cumulative, ce serait bien non ? Chaque nouveau morceau appris serait un morceau supplémentaire et non pas uniquement le morceau en cours que vous oublierez bientôt.

Il n'y a en réalité pas vraiment de secret : vous devez entretenir tous vos vieux morceaux.
Et la recette est simple : jouez chacun de vos vieux morceaux trois fois d'affilée au moins une fois par mois. Même en n'en jouant qu'un seul au maximum par jour, cela vous permettra d'avoir un répertoire de 30 morceaux ! C'est déjà très impressionnant !

Dans le cas des morceaux très difficiles, à la limite de votre niveau technique, en plus de les jouer tous les mois, il est utile de les retravailler entièrement pour les passages que vous n'arrivez plus à maîtriser au moins une fois par trimestre (ce n'est finalement que quatre fois par an !)

LE TRAVAIL DES NUANCES

Dans un premier temps, ne vous préoccupez pas des nuances en début d'apprentissage de morceau et jouez sans vous préoccuper de cela. Par défaut, jouer tout assez fort.
Ensuite, quand vous maîtriserez techniquement le morceau, ajoutez les nuances et caricaturez-les. Ayez l'impression que vos ***forte*** sont trop forts, et vos ***piano*** quasiment inaudibles (attention à la justesse !). Il sera ensuite temps de rajuster le niveau si nécessaire.

DOPEZ VOTRE PROGRESSION : LANCEZ-VOUS DE NOUVEAUX DÉFIS

Se lancer de nouveaux défis, c'est jouer de nouveaux morceaux, ou parfois choisir un morceau que vous estimez un petit peu trop difficile pour vous.

Fixez-vous comme objectif de vous enregistrer et de partager la vidéo sur les réseaux sociaux (même si c'est juste pour la famille). Cela vous mettra une certaine pression qui vous obligera à être exigeant pour votre travail. Quand vous vous enregistrerez pour la première fois, vous constaterez que sous la pression de l'enregistrement, vous aurez tendance à faire plus d'erreurs que d'habitude : c'est normal. Rappelez-vous où vous avez fait les erreurs, elles sont généralement faites à des endroits où vous êtes techniquement plus fragile alors que vous ne vous en rendiez pas compte sans la pression de l'enregistrement. Notez ces passages et retravaillez-les.

Mieux encore, prévoyez de jouer devant un vrai public, même si ce n'est que devant un public très restreint de trois ou quatre personnes : votre motivation et votre progression sera automatiquement améliorée.
Dans tous les cas, que ce soit pendant un enregistrement ou devant un public réel, en cas de difficulté, vous devez :

- Ne JAMAIS grimacer à ses propres erreurs ! Car la grande majorité n'entendra pas votre erreur, mais verra bien votre grimace !
- Sourire : ceux qui auront entendu une erreur auront un doute : l'ont-ils bien entendue si vous paraissez si content ? Et hop ! le tour est joué.
- Enchainer comme si de rien n'était et ne jamais revenir en arrière.

Enfin, ne vous énervez jamais quand vous rencontrez des difficultés. Au contraire, chaque difficulté que vous rencontrez est un mini défi qui vous fera progresser encore plus vite. En effet, ce n'est pas en réussissant quelque chose que vous savez déjà faire que vous progresserez, c'est au contraire quand vous êtes confrontés à des difficultés qui vous semblent insurmontables sur le moment. Ainsi, vous progresserez plus vite en travaillant cinq mesures ultras difficiles, plutôt qu'en apprenant un nouveau morceau très facile de trois pages. Pourquoi ? Car cela vous obligera à progresser au niveau technique. Et plus progresserez au niveau technique, plus vous serez capable de vous faire plaisir en jouant.

APPRENDRE PAR CŒUR, COMMENT ?

Autre élément qui vous aidera, mais cela risque de ne pas vous plaire : apprendre les morceaux par cœur.

Jouer un morceau par cœur et jouer un morceau en lisant une partition sont deux choses vraiment différentes. Apprendre par cœur est souvent long, mais le morceau pénètre mieux dans les doigts. Par ailleurs, quand vous connaissez un morceau par cœur, vous avez tendance à le jouer plus souvent, et connaître un morceau par cœur permet généralement d'être plus à l'aise quand on le joue.

Comment apprendre des morceaux par cœur ? Contrairement au travail technique, l'apprentissage doit se faire par phrases musicales, ou par tronçons de phrases musicales, et non par mesure. Quand les phrases sont longues, on les découpe en finissant sur un premier temps.

Imaginons que vous vouliez apprendre le passage suivant par cœur :

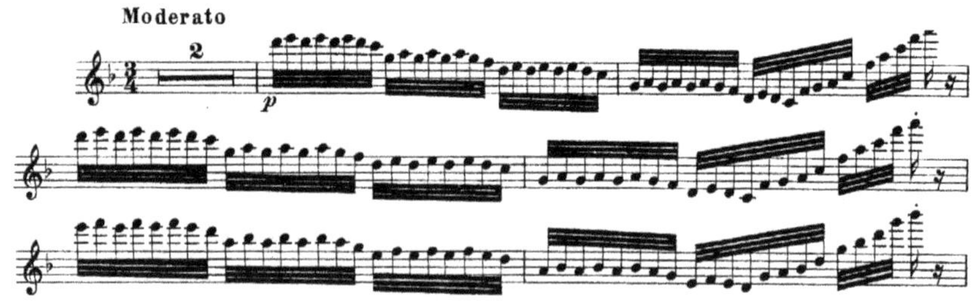

Les phrases étant longues, il va falloir découper l'apprentissage par cœur en tronçons.

Tout d'abord en tronçon de 9 notes (les carrés noirs) qu'il va falloir apprendre par coeur.

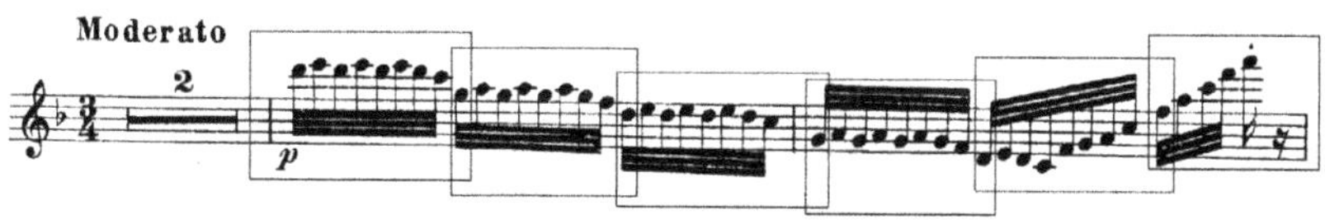

Puis en tronçons de 17 notes qu'il faudra apprendre par cœur à leur tour :

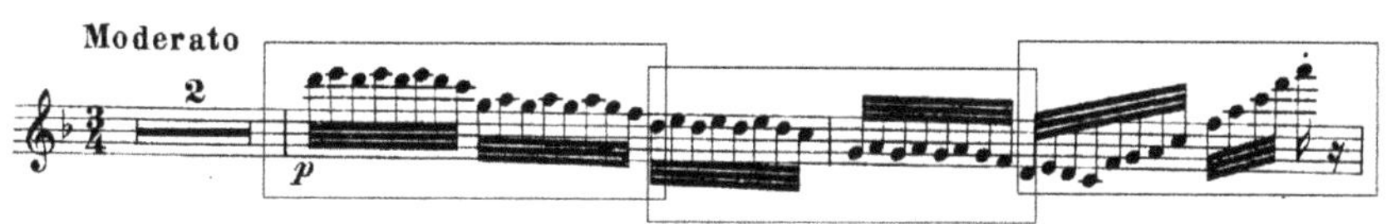

On agrandit encore les tronçons et on les joue par cœur :

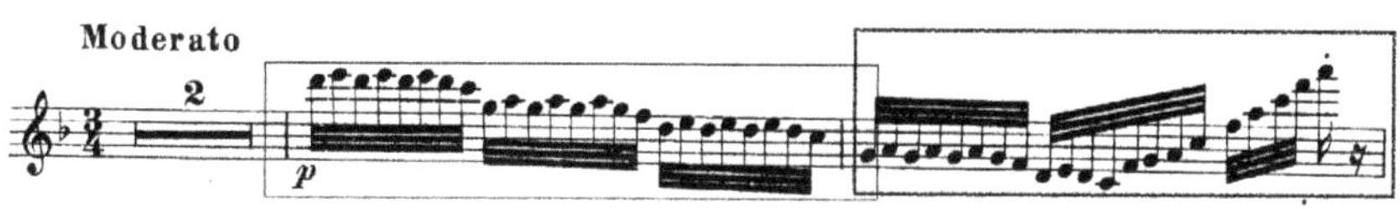

Pour finalement jouer par cœur toute la ligne.

Si on continue, on réalise que la deuxième ligne est identique à la première : on attaque alors la troisième ligne directement.

PRÉPARATION À JOUER DE LA CLARINETTE EN PUBLIC, OU PASSER DES CONCOURS

LA TECHNIQUE DU MARATHON

Si vous devez jouer devant du public ou que vous préparez un concours, vous serez amenés à faire quelque chose que vous faites rarement dans votre travail quotidien : à la fois, car vous jouez probablement peu de temps sans interruption et parce que vous n'êtes pas confrontés au stress.
Or, un facteur est souvent oublié dans la préparation : celui de l'endurance. En effet, face à du public, vous devez jouer plus longtemps que d'habitude et rester concentré.
Si vous ne vous êtes pas préparés à améliorer votre endurance, vous risquez de mauvaises surprises, car vous ne pouvez pas vous arrêter pour reprendre. Il en résulte que de nouvelles difficultés peuvent apparaître, difficultés invisibles dans le travail quotidien habituel.

Je vous propose un marathon qui vous fera gagner beaucoup en assurance et en endurance. Le but est de vous fatiguer volontairement jusqu'à ce que vous ayez des difficultés à vous concentrer et que jouer devienne physiquement difficile. En effet, cela vous obligera à résoudre des problèmes que vous n'aviez pas jusqu'alors.

Préalable : pour commencer, il est nécessaire que vous maîtrisiez déjà votre morceau, c'est-à-dire que vous soyez capable de le jouer de bout en bout sans erreur au moins une fois.

Travail 1 (3 jours de suite)

Vous enchaînez le morceau cinq fois d'affilée sans jamais vous arrêter, même si vous faites des fautes.

Morceau entier

x 5 sans interruption

Essayez de garder en tête les parties du morceau qui vous posent problème : elles seront à travailler spécifiquement et en priorité. Attention, certaines erreurs sont faites uniquement à cause de la fatigue et du manque de concentration : le problème se résoudra en faisant des marathons régulièrement. Une fois ce travail 1 maîtrisé. Vous pouvez tenter le travail de marathon 2.

Travail 2

Le travail 2 est à faire une ou deux fois dans la semaine au maximum, quand le travail 1 a été fait au moins trois fois.

Morceau entier

x 5 au minimum

On s'arrête quand on réussit

3 fois de suite sans erreur

Notez que cette technique est surtout efficace avec des morceaux difficiles dans lesquels il y a peu de mesures de silence. Dans le cas où vous jouez un morceau avec plusieurs mesures de silence réparties tout au long du morceau, le marathon est moins nécessaire.

Dans tous les cas, le travail de marathon doit suivre la règle suivante :

Si vous faites des erreurs, vous devez enchaîner le morceau **sans reprendre** les passages où vous faites les erreurs. Vous devez imaginer que vous jouez avec un orchestre qui ne vous attendra pas.

TECHNIQUE DES ZONES D'INCONFORT

En préparation de concours ou en préparation pour jouer en public, il est nécessaire de se préparer en sortant de sa zone de confort. Pour cela, il existe deux techniques préconisées à haut niveau (si vous êtes débutant à moyen, vous n'êtes pas concerné par ces techniques).

Technique des escaliers

Faire trois allers-retours en courant dans les escaliers sur deux étages avant d'enchaîner le morceau. Essoufflé et avec peut-être les doigts qui transpirent, vous serez dans les pires conditions pour jouer.

Technique du démarrage à froid

Jouer son morceau sans échauffement à un horaire de jeu inhabituel (au moment du réveil, sans avoir pris de petit déjeuner, ou tard le soir quand vous êtes vraiment très fatigué).

Ces techniques permettent de vous mettre dans une situation de fatigue, de stress et d'inconfort suffisant pour que vous puissiez vérifier à quel point vous maîtrisez réellement le morceau.

Ces techniques extrêmes sont à utiliser quand il y a un enjeu important.

LE TRAVAIL DE VIRTUOSITÉ À LA CLARINETTE

LA VIRTUOSITÉ, C'EST LA MAÎTRISE

Il est très impressionnant de voir certains musiciens jouer extrêmement rapidement. Être virtuose n'est pas jouer au maximum de ses capacités techniques, mais au contraire jouer bien en dessous de son tempo maximum pour avoir une maîtrise absolument totale de ce que vous faites. La précision est alors telle que cela paraît rapide alors que sinon, cela apparaît brouillon. Pour illustrer mon propos, nous allons parler de violoniste car un violoniste s'est déclaré être le plus rapide du monde, puis est devenu la risée (à juste titre) des violonistes professionnels et amateurs. En effet, son exécution est brouillonne, les notes ne sont pas toutes jouées ni audibles. Voici le lien youtube (https://bit.ly/2violin) vers une vidéo qui critique cela, et intitulée *« The World's fastest (and most inaccurate) violonist! »*. A l'inverse, écoutez la version du violoniste Kavakos qui joue le même morceau mais correctement (sur YouTube : https://bit.ly/kavakos5). Interrogé, Kavakos, le violoniste, dit qu'il avait l'impression de jouer lentement.

Ne vous laissez donc pas impressionner par la vitesse : la vitesse n'a de sens que quand elle est parfaitement maîtrisée : cela s'appelle alors la virtuosité.

Vitesse + contrôle = virtuosité

Vitesse **sans** contrôle = beurk

Pour travailler sa virtuosité, il faut travailler lentement. Par exemple, quand vous avez des difficultés dans un morceau, le premier réflexe devra d'abord être de ralentir… de beaucoup ralentir ! Plus c'est lent, mieux c'est.

LE TRAVAIL DE MAÎTRISE ET DE STABILITÉ AU MÉTRONOME

Le métronome est jugé par beaucoup comme un instrument de torture. Il devrait au contraire être votre grand ami car c'est un objet presque magique qui vous aidera à progresser.

La perception que nous avons tous de la vitesse à laquelle nous jouons n'est qu'une perception. Il y a une tendance naturelle à accélérer, parfois beaucoup, dans les passages faciles, et une tendance naturelle à ralentir (parfois beaucoup dans les passages difficiles.).

Or, la régularité dans le tempo fera la différence entre un morceau bien joué et un morceau qui sonne un peu bancal. Il faut donc être très stable dans la vitesse. Autre avantage de respecter le temps : cela pourra masquer une fausse note. En effet, si vous ne ralentissez pas, vous n'hésitez pas et que vous ne faites pas une tête horrifiée au moment d'une fausse note, il y a peu de chance que votre public l'entende !
Astuce bonus : quand vous jouez en public ou pour un concours, dans la difficulté (une fausse note par exemple), faites comme si tout allait bien et souriez.

Le métronome à une vitesse beaucoup plus lente

Vous pouvez utiliser le métronome à une vitesse très lente par rapport à la vitesse normale. Cela permet de retenir ses doigts et permet de consolider sa maîtrise.

Pour des morceaux déjà maîtrisés, il est utile de travailler au métronome très lentement une fois de temps en temps. En effet, un morceau déjà maîtrisé et joué régulièrement pourrait se dégrader car il n'est plus joué que sur des réflexes. Il faut éviter cela, et pour reprendre le contrôle des doigts, il est utile de le jouer au métronome très très lentement (deux fois plus lentement est une bonne vitesse). Cela permet de ne pas laisser un morceau se dégrader dans le temps.

Le métronome à une vitesse beaucoup plus rapide

Un proverbe dit qui peut le plus peut le moins. Quand vous maîtrisez un morceau, mais que vous vous sentez à la limite de votre capacité au tempo prévu, travaillez au métronome à une vitesse tout juste un peu plus rapide. Cela vous permettra de vous assurer que vous arriverez à tenir le tempo normal, car vous serez un peu en deçà de ce que vous êtes capable de faire.

Il y a une autre raison de travailler beaucoup plus vite que la vitesse voulue : quand vous jouerez en public ou si vous êtes amenés à passer des concours, vous serez sous stress et vous aurez tendance à avoir du mal à retenir vos doigts car vous aurez l'impression de jouer plus lentement que ce n'est le cas.

Comme il y a de fortes chances que vous vous retrouviez à jouer plus vite que ce que vous aviez prévu : en travaillant cela au métronome avant un concert, vous aurez déjà expérimenté et travaillé cette vitesse trop rapide et vous saurez la gérer : cela évitera la catastrophe classique du clarinettiste qui accélère à cause du stress et qui se plante pathétiquement du début à la fin du morceau.
Dans le cas où vous travaillez au métronome à grande vitesse, il faudra jouer régulièrement au métronome très lentement pour empêcher vos doigts de s'emballer : la virtuosité, c'est le contrôle !

Le métronome à la vitesse normale

En fonction de la difficulté changeante d'une œuvre, vous risquez d'accélérer dans les passages faciles et ralentir dans les passages difficiles. C'est tout à fait naturel. Le métronome est le seul moyen de vérification. Repérez les passages où vous devriez aller plus vite, ou au contraire plus lentement, annotez-les éventuellement au crayon. Travaillez au métronome jusqu'à ce que vous n'ayez plus l'impression de devoir en permanence accélérer pour ne pas laisser le métronome s'échapper ou bien ralentir pour ne pas dépasser le métronome.

Le métronome à vitesse malaisante

Ça y est, vous êtes à peu près à l'aise avec votre morceau à une vitesse bien précise au métronome, par exemple ♩=100. Toutefois vous commencez à jouer sur des réflexes, ce qui ne vous permet pas de progresser alors que vous voulez gagner en maîtrise.

Réglez votre métronome 2-3 crans en dessous, ♩=92 si vous êtes à l'aise à ♩=100. Cette vitesse un peu en-dessous de la vitesse normale mais pas trop est particulièrement inconfortable à jouer et elle va créer de nombreux problèmes qu'il vous faudra résoudre. Cela vous permettra de gagner en maîtrise.

Le métronome sur des valeurs longues et sur les contretemps pour les experts

La technique qui va vous être présentée ne doit être utilisée que par des clarinettistes confirmés, elle est beaucoup trop difficile pour les niveaux débutants à moyen. Il s'agit de travailler au métronome à la croche puis à la noire puis à la blanche mais en décalant pour que cela tombe sur des contretemps.
Ci-dessous, les pulsations du métronome sont indiquées par un « v ».

A la croche :

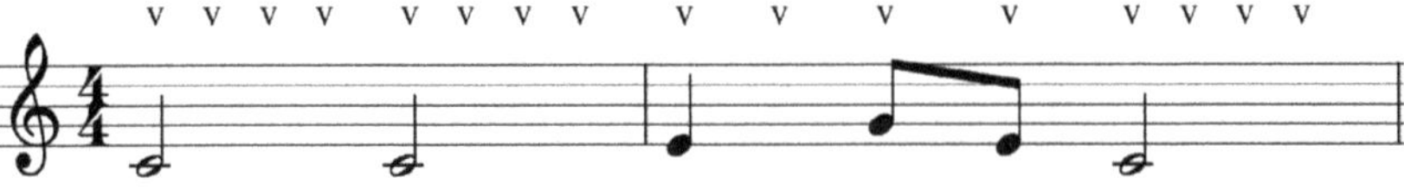

A la noire :

A la blanche :

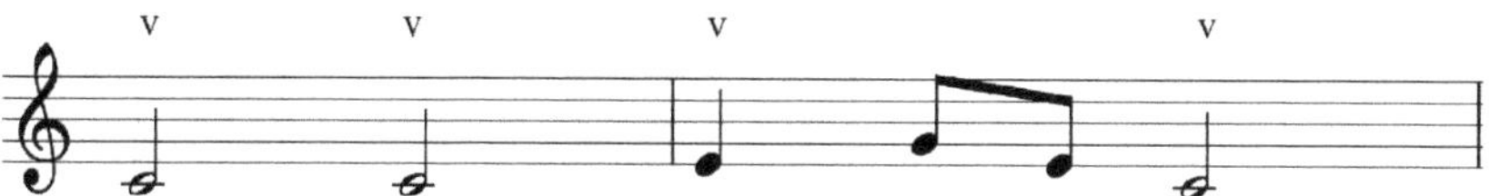

A la ronde :

Ce travail nécessite de bien maîtriser les valeurs de note et oblige à stabiliser le morceau.

Niveau expert

Beaucoup plus difficile : jouer avec un métronome en contretemps permanent. Au-dessus de la portée : la croche. En dessous de la portée, les pulsations sont à la noire, mais décalées d'une croche, ce qui veut dire que tout est jouée à contretemps.

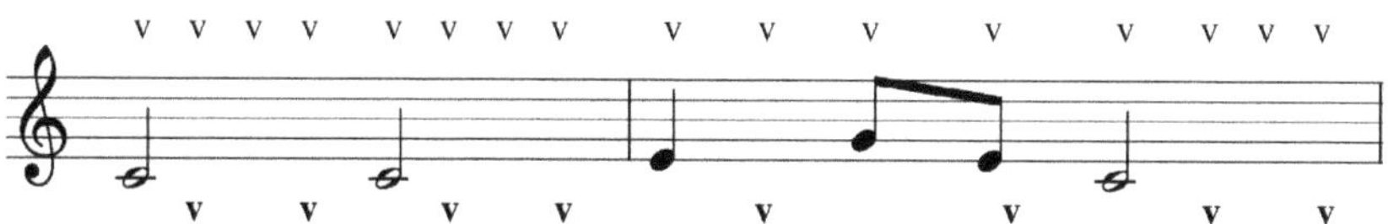

Réussir à travailler au métronome avec des pulsation à contretemps nécessite une parfaite maîtrise de son morceau. C'est toutefois réservé aux experts.

Le métronome remplacé par les pieds gauche-droit

Il n'est évidemment pas possible de travailler avec le métronome en permanence. La mesure se bat alors avec les pieds. **Mais**, la battue au pied doit toujours se faire en alternant pied gauche et pied droit et non en battant la mesure toujours du même pied. Cela permet de stabiliser la vitesse bien plus qu'à un seul pied et cela permet de créer un balancement qui permet de ressentir la pulsation beaucoup plus intimement. Cela rend cette façon de battre la mesure au pied très efficace quand vous jouez dans un orchestre ou en musique de chambre

Est-il utile de de dire que battre du pied doit absolument être invisible pour le public ? Le battement doit se faire des orteils à l'intérieur de la chaussure, et presque imperceptible au niveau du talon. Le pire : taper du pied par terre à faire vibrer le plancher ! Le public aura vite des envies de meurtre. Et peu importe le style : si vous jouez des solos virtuoses de Métal, jouez également sans taper du pied. La règle du jeu est simple : **on ne doit jamais vous voir battre du pied** (vous devez le faire en grand secret).

LE TRAVAIL DE MAÎTRISE ET DE STABILITÉ PAR LE TRAVAIL DES LIAISONS

La maîtrise et la stabilité requise pour la virtuosité se travaillent généralement avec des exercices de rythme mais il est très utile d'y ajouter un travail de stabilisation par les liaisons.
Voici les combinaisons de liaison que vous pouvez travailler sur un morceau (et cela se travaille aussi sur les gammes et arpèges). C'est un travail **très important** pour progresser.

TRAVAIL D'APPRENTISSAGE DE PASSAGES OÙ LES NOTES SONT TRÈS RAPIDES

Vous avez un passage difficile à travailler et il s'agit surtout de notes régulières mais très rapides. Il vous faut gagner en vitesse et en stabilisation ....
Tout le travail rythmique qui va être présenté peut se travailler avec ou sans métronome.

Premier travail quand vous ne connaissez pas bien les notes :

Une fois les notes à peu près maîtrisées, voici un rythme pour stabiliser vos doigts et les contrôler dans la vitesse : cela vous permettra de jouer plus vite.

TECHNIQUE DE GRIGNOTAGE PAR L'ARRIÈRE : POUR L'ULTRA DIFFICILE

Quand il faudra jouer une phrase très difficile à jouer, car les enchaînements sont inhabituels et ne tombent pas facilement sous les doigts, on utilisera une technique de grignotage par l'arrière. C'est une technique extrême destinée aux niveaux avancés quand un trait est particulièrement difficile au niveau technique au point qu'il faudra le retravailler souvent.
Prenons l'exemple de la phrase musicale suivante :

Première étape, il va falloir découper la phrase en tronçons plus courts à travailler séparément. Le tronçon AB semble évident, car il y a une croche qui permet de reprendre son élan dans la phrase.

Ensuite, le tronçon part de B pour aller à la fin. Toutefois, B à fin, c'est un peu long : on va travailler séparément les tronçons BC et C à fin.

Un des problèmes importants des phrases longues et difficiles est que les fins de phrases sont souvent moins travaillées que les débuts de phrase. Il en résulte que vous serez amené à faire plus d'erreurs en fin de phrase, en particulier s'il y a la pression de jouer devant du public ou de vouloir s'enregistrer. Le grignotage par l'arrière va permettre une maîtrise accrue sur la fin des phrases. En effet, cette technique vous oblige à maîtriser les fins de phrases avant de travailler les débuts. On part de la fin pour remonter petit à petit au début de la phrase.

Le fonctionnement est le suivant :

- vous jouez les deux dernières notes de la phrase le plus vite possible (A).
- vous prenez le temps qu'il vous faut pour être à l'aise avant d'enchaîner
- vous rejouez (A) de nouveau et vous le ferez de nouveau jusqu'à ce que vous réussissiez trois fois d'affilée sans erreur à la bonne vitesse (celle que vous voulez atteindre)

Vous avez réussi pour (A). C'était facile, car ce n'était que deux notes : vous allez voir que le jeu va être de plus en plus difficile.

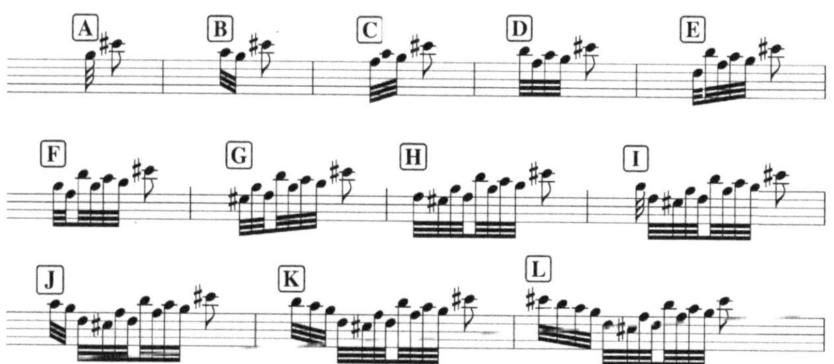

Vous refaites la même chose, mais avec les trois dernières notes au lieu de deux (B). Vous avez réussi trois fois consécutivement (B) ? Vous pouvez passer à (C). Et ainsi de suite…. Vous jouerez C, D, E, F, G, H, I, J, K et L.

Quand vous aurez réussi trois fois consécutivement L, vous pourrez estimer que vous maitrisez votre portion de phrase (AB) ci-dessous.

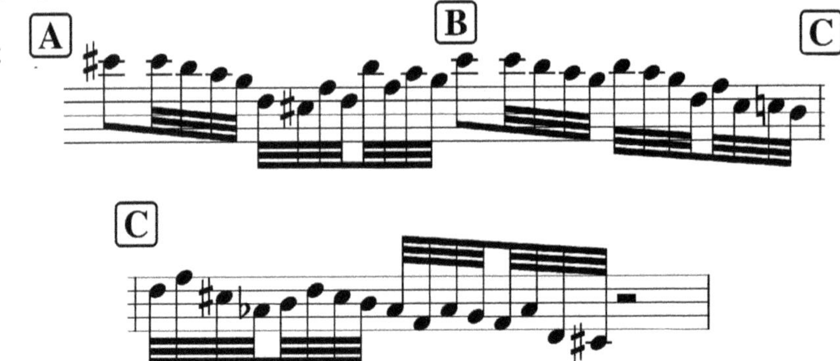

Vous allez suivre la même logique que précédemment pour les portions de phrase (BC) puis (C à fin).

Comme BC et C à fin s'enchaînent, vous travaillerez pour finir de B jusqu'à la fin sans arrêt.

Chaque ligne doit être réussie trois fois consécutivement avant de passer à la suivante

Page suivante :
La séquence de ce qui doit être joué, ligne par ligne quand on travaille (B à fin) et qu'on maîtrise déjà (C à fin).

Niveau N
Niveau N+1

Règle du jeu supplémentaire pour un meilleur contrôle des doigts.

Pour chaque ligne où vous ne réussissez pas trois fois consécutivement correctement dans les 10 premières répétitions, vous reculez d'un niveau. Par exemple, si vous étiez au niveau N+1, vous redescendez à la ligne N.

TRAVAIL DE RÉGULARITÉ DANS LES TRAITS DIFFICILES

Rien de plus désagréable que quelqu'un qui joue en accélérant et en ralentissant en fonction de la difficulté d'un morceau. Il est important que vous réussissiez à garder une grande régularité.

Pour cela, votre premier grand ami, que vous devez adorer, c'est bien sûr le métronome. Mais il vous servira surtout à vous rendre compte que vous fluctuez dans la vitesse, ou plus simplement, que vous n'êtes pas capable de jouer à la bonne vitesse. C'est largement suffisant quand ce que vous jouez est plutôt facile.

Toutefois, si vous avez quelque chose de difficile à jouer et long, il est nécessaire de connaître certaines techniques qui permettent d'améliorer la régularité de la vitesse. Pour cela, il est nécessaire d'être capable de contrôler ses doigts dans la vitesse.

Le principe est simple : il faut alterner vitesse rapide et vitesse lente : cela va vous obliger à contrôler vos doigts.

Voici les rythmes à utiliser :

Voici un exemple d'illustration. Si vous devez travailler un trait comme celui-ci

Pour gagner en régularité, voici les deux versions avec les rythmes :

Ensuite, vous pouvez encore améliorer votre régularité en décalant les notes rapides et lentes en en jouant :

2 notes longues, puis 4 courtes 4 longues

TRAVAIL D'UN PASSAGE DIFFICILE : LA RÉPÉTITION X3 X5 X8

Pour valider un passage difficile, il est nécessaire de réussir à jouer plusieurs fois correctement le passage difficile.

Plus votre niveau augmente, plus le nombre de répétitions réussies doit être élevé.

- Niveau élémentaire à moyen : réussir 3 fois d'affilée.
- Niveau moyen à confirmé : réussir 5 fois d'affilée.
- Au-delà du niveau confirmé : réussir 8 fois d'affilée.

On peut utiliser des allumettes pour visualiser l'avance du travail (n'importe quel objet en fait). Placez trois allumettes à droite de votre pupitre. Quand vous réussissez, une allumette passe à gauche. A chaque échec, toutes les allumettes repassent à droite et vous repartez à zéro.

Le passage difficile consiste en générale en une ou deux mesures. Travaillez seulement ces deux mesures. Quand c'est maitrisé, travaillez de nouveaux les deux mesures avec +1 mesure et -1 mesure, devant, derrière, puis +2 -2, pour que le passage s'inscrive dans une continuité et que le jeu soit fluide.

Pour les débutants, cet exercice peut être frustrant. Dans ce cas, vous pouvez plutôt utiliser le « 3 fois lent par jour » (trois fois lentement par jour).

Si vous n'y arrivez toujours pas, cela veut dire que vous devez retravailler le passage avec des exercices de virtuosité.

APPRENDRE UN PASSAGE DIFFICILE ET LONG, MAIS AUX RYTHMES TRÈS VARIÉS GRÂCE AU MÉTRONOME

Si vous avez à faire à un morceau difficile ou un passage entier très difficile qui soit un peu long, mais dans lequel les rythme sont variés, rendant impossible à utiliser les techniques précédemment présentées, vous allez commencer à travailler au métronome. Il existe deux méthodes possibles.

Méthode 1 : méthode simple et plutôt courte

1. Déchiffrez une première fois tout le morceau très lentement pour comprendre comment il fonctionne.
2. Regardez la vitesse à laquelle doit se jouer le morceau. Par exemple ♩=92
3. Réglez votre métronome à ♩=50, soit la moitié de la vitesse (si vous avez le temps, vous pouvez même commencer à ♩=40). Jouez le passage à travailler à cette vitesse.
4. Quand vous arrivez à jouer trois fois de suite le passage difficile à cette vitesse, augmentez la vitesse du métronome.
5. Entre 50 et 100, passez par les étapes de métronome : ♩=56♩=66♩=76♩=84♩=92♩=100 puis revenez à ♩=92 En général, plus vous avez de difficultés pour réussir trois fois d'affilée la vitesse du métronome, plus vous pouvez augmenter lentement. N'hésitez donc pas de rajouter une étape intermédiaire si c'est très rapide

pour vous : par exemple, rajoutez ♩=80 pour ne pas passer directement de ♩=76 à ♩=84

6. Pour chacune de ces vitesses, vous devez réussir à jouer le passage entier sans erreur trois fois d'affilée.

Méthode 2 : la méthode +10-5.

C'est une méthode plus complexe que la précédente et elle prend plus de temps mais elle permet de stabiliser ses doigts et sa maitrise en même temps qu'on augmente la vitesse.

Comme précédemment, on part d'une vitesse basse. Par exemple à ♩=50

Ensuite on va monter en ajoutant 10, puis en retranchant 5 puis en ajoutant 10, etc. Cela va donner les vitesses suivantes :

♩=50 → 60 → 55 → 65 → 60 → 70 → 65 → 75 → 70 → 65 → 75 → 70 → 80 → 75 → 85 → 80 → 90 → 85 → 95 → 90 → 100 → 92 (vitesse voulue)

Vous noterez que c'est surtout quand vous passez à la vitesse -5 que vous aurez le plus de difficultés, car il est plus difficile de contenir et maîtriser ses doigts que de les laisser file

DÉROULEMENT D'UNE SÉANCE DE TRAVAIL

Structure d'une séance de routine

Mettre en place une routine de travail peut beaucoup vous aider à progresser. Voici une routine standard que vous pouvez suivre...

Échauffement
3 à 5 minutes

gammes chromatiques,
gammes majeures/mineures
arpèges

Exercices techniques
5 à 25min

Travail de tronçon(s)
de morceau
15 à 45 minutes

Jouez pour vous faire plaisir
5 à 10 minutes

Morceau en cours
Ancien morceau

Structure d'une séance de préparation à **jouer en public** ou de préparation à un concours

Environ une à deux semaines avant de jouer en public, vous pouvez suivre la routine suivante ...

Premier travail de la journée

Échauffement
3 à 5 minutes

Travail au métronome
Lent x 1

Travail de marathon

Travail au métronome
Rapide x 1

Travail au métronome
Lent x 2

Deuxième travail de la journée

Jouer à froid le premier morceau,
comme en concert ou au concours

sans se lever et sans interruption, vous enchaînez

Deuxième morceau

et vous continuez à enchaîner tout ce que vous aurez à jouer en concert ou pour un concours dans les mêmes conditions que celles dans lesquelles vous serez...

ASTUCES

N'hésitez pas à vous filmer pour repérer vos tics en vue de les supprimer

Vous pouvez inverser premier et deuxième travail un jour sur deux

RÉCAPITULATIF DES TECHNIQUES

TRAVAIL D'APPRENTISSAGE DES NOTES

VIRTUOSITÉ : LE GRIGNOTAGE PAR L'ARRIÈRE

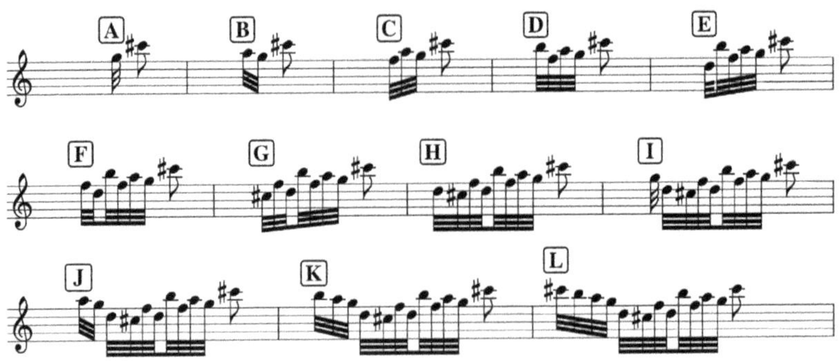

Chaque itération doit être réussie 3 fois consécutivement avant de passer à la suivante

ACCÉLÉRER LE TEMPO D'UN MORCEAU

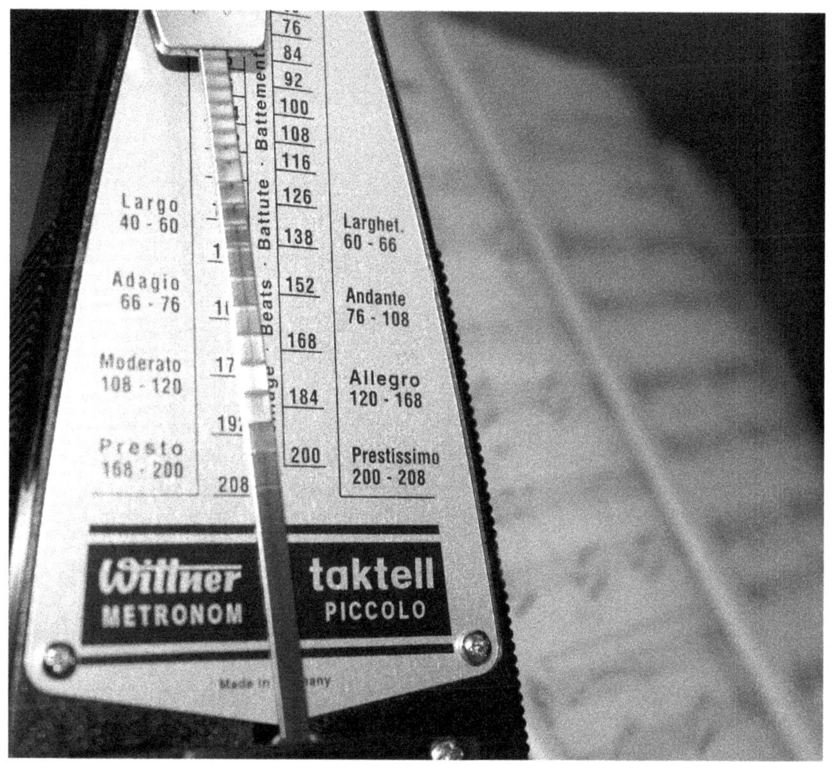

Technique 1

Accélérer progressivement au métronome : jouer le morceau ou le passage au métronome en partant très lentement et en augmentant le tempo au métronome petit à petit. Soyez exigeant sur la régularité dans la pulsation

Technique 2 (plus difficile)

Progresser au métronome avec la règle +10 → -5

TRAVAIL DE STABILISATION ET DE RÉGULARITÉ

Par travail au métronome à vitesse malaisante
(2-3 crans sous la vitesse à laquelle vous êtes à l'aise)

LE MARATHON

PRÉPARATION À JOUER EN PUBLIC OU À UN CONCOURS

Morceau entier enchainé
x3

et, quand vous êtes au point :

x 5 au minimum
On s'arrête quand on réussit
3 fois de suite sans erreur

PRÉPARATION À JOUER EN PUBLIC OU À UN CONCOURS

VARIANTE DU MARATHON

TRAVAIL PRÉCÉDENT

MAIS AU LIEU DE 3X SANS ERREUR,

EN RÉUSSISSANT

5X SANS ERREUR

OU

8X SANS ERREUR

FICHES DE TRAVAIL

FICHE DE TRAVAIL

NOM DU MORCEAU : ....

Entourez ou barrez le travail fait.

- Travail rythmique

- Travail de liaisons

- Grignotage par l'arrière
- Travail au métronome : classique | +10 –5 | Malaisant à -2/3 crans
- Marathon : ....

Autre :

FICHE DE TRAVAIL

NOM DU MORCEAU : ....

Entourez ou barrez le travail fait.

- Travail rythmique

- Travail de liaisons

- Grignotage par l'arrière

- Travail au métronome : classique | +10 –5 | Malaisant à -2/3 crans

- Marathon : ....

Autre :

FICHE DE TRAVAIL

NOM DU MORCEAU : ....

Entourez ou barrez le travail fait.

- Travail rythmique
- Travail de liaisons
- Grignotage par l'arrière
- Travail au métronome : classique | +10 –5 | Malaisant à -2/3 crans
- Marathon : ....

Autre :

FICHE DE TRAVAIL

NOM DU MORCEAU : ....

Entourez ou barrez le travail fait.

- Travail rythmique 
- Travail de liaisons 
- Grignotage par l'arrière
- Travail au métronome : classique | +10 –5 | Malaisant à -2/3 crans
- Marathon : ....

Autre :

FICHE DE TRAVAIL

NOM DU MORCEAU : ....

Entourez ou barrez le travail fait.

- Travail rythmique

- Travail de liaisons

- Grignotage par l'arrière
- Travail au métronome : classique +10 –5 Malaisant à -2/3 crans
- Marathon : ....

Autre :

FICHE DE TRAVAIL

NOM DU MORCEAU : ....

Entourez ou barrez le travail fait.

- Travail rythmique

- Travail de liaisons

- Grignotage par l'arrière

- Travail au métronome : classique | +10 –5 | Malaisant à -2/3 crans

- Marathon : ....

Autre :

FICHE DE TRAVAIL

NOM DU MORCEAU : ....

Entourez ou barrez le travail fait.

- Travail rythmique 
- Travail de liaisons 
- Grignotage par l'arrière
- Travail au métronome : classique | +10 –5 | Malaisant à -2/3 crans
- Marathon : ....

Autre :

FICHE DE TRAVAIL

NOM DU MORCEAU : ……………………………………………………………………

Entourez ou barrez le travail fait.

- Travail rythmique

- Travail de liaisons

- Grignotage par l'arrière

- Travail au métronome : classique +10 –5 Malaisant à -2/3 crans

- Marathon : …………………

Autre :

FICHE DE TRAVAIL

NOM DU MORCEAU : ....

Entourez ou barrez le travail fait.

- Travail rythmique

- Travail de liaisons

- Grignotage par l'arrière

- Travail au métronome : classique | +10 –5 | Malaisant à -2/3 crans

- Marathon : ....

Autre :

FICHE DE TRAVAIL

NOM DU MORCEAU : ....

Entourez ou barrez le travail fait.

- Travail rythmique

- Travail de liaisons

- Grignotage par l'arrière

- Travail au métronome : classique | +10 –5 | Malaisant à -2/3 crans

- Marathon : ....

Autre :

FICHE DE TRAVAIL

NOM DU MORCEAU : ....

Entourez ou barrez le travail fait.

- Travail rythmique

- Travail de liaisons

- Grignotage par l'arrière

- Travail au métronome : classique | +10 –5 | Malaisant à -2/3 crans

- Marathon : ....

Autre :

FICHE DE TRAVAIL

NOM DU MORCEAU : ....

Entourez ou barrez le travail fait.

- Travail rythmique

- Travail de liaisons

- Grignotage par l'arrière

- Travail au métronome : classique | +10 –5 | Malaisant à -2/3 crans

- Marathon : ....

Autre :

N'hésitez pas à nous contacter si vous avez repéré une erreur ou si vous voulez faire une suggestion. Nous corrigerons l'erreur, ou nous nous inspirerons de vos propositions dans une nouvelle édition.

Mail de contact

virtuose.instrumental@gmail.com

www.ingramcontent.com/pod-product-compliance
Ingram Content Group UK Ltd.
Pitfield, Milton Keynes, MK11 3LW, UK
UKHW021924190726
13853UKWH00002B/821